Marcel Reich-Ranicki
Über Literaturkritik

Marcel Reich-Ranicki
Über Literaturkritik

Deutsche Verlags-Anstalt
Stuttgart München

Die Deutsche Bibliothek – CIP-Einheitsaufnahme
Ein Titeldatensatz für diese Publikation ist bei
Der Deutschen Bibliothek erhältlich.

© 2002 Deutsche Verlags-Anstalt, Stuttgart München
Alle Rechte vorbehalten
Umschlaggestaltung: Bauer + Möhring, Berlin
Druck und Bindearbeit: Friedrich Pustet, Regensburg
Diese Ausgabe wurde auf chlor- und säurefrei
gebleichtem, alterungsbeständigem Papier gedruckt.
Printed in Germany

ISBN 3-421-05675-7

Editorische Notiz

Welche Aufgabe hat die Literaturkritik? Welche Funktion übt sie aus? Welche Rolle kommt ihr zu? An wen wendet sie sich? Was will sie erreichen?

Seit mindestens zweihundertfünfzig Jahren werden diese Fragen in Deutschland gestellt und immer wieder mehr oder weniger erregt debattiert. Denn sie treffen ins Zentrum des literarischen Lebens – gestern wie heute. Daher büßen sie, sooft sie auch erörtert und beantwortet wurden, nichts von ihrer Aktualität ein.

Jene, die über diese Fragen diskutieren und diesmal besonders leidenschaftlich und bisweilen sogar unerbittlich, die vielen Schriftsteller, Leser und natürlich auch Kritiker, möchten wir an eine Arbeit von Marcel Reich-Ranicki erinnern. Vor vielen Jahren entstanden, ist sie gerade jetzt von besonderem Interesse und bestens geeignet, der Orientierung in den aktuellen Auseinandersetzungen zu dienen.

Der vorliegende Essay wurde 1970 als Einführung zu Reich-Ranickis Buch »Lauter Verrisse« geschrieben; der Band faßt Aufsätze über Günter Eich, Hans Magnus Enzensberger, Günter Grass, Peter Härtling, Günter Kunert, Anna Seghers, Martin Walser, Peter Weiss und andere zusammen. Der ursprüngliche Titel dieses Essays lautet: »Nicht nur in eigener Sache. Bemerkungen über Literaturkritik in Deutschland«. Die ersten beiden Absätze, die Auswahl und Gegenstand des Bandes »Lauter Verrisse« betreffen, wurden hier weggelassen. Davon abgesehen, wird der Text von 1970 unverändert nachgedruckt.

Deutsche Verlags-Anstalt, Juni 2002

Über Literaturkritik

I

Wann darf oder soll der Kritiker einen Autor verreißen? Fortwährend erscheinen miserable literarische Arbeiten. Wann lohnt es sich, in aller Öffentlichkeit zu erklären, warum man glaubt, daß ein bestimmtes Buch, das man für schlecht hält, schlecht sei? Was immer ein Kritiker gegen ein solches Buch sagt, er hat es doch wohl nicht zufällig aus einer Fülle ähnlicher ausgewählt; die anderen ignoriert er, auf dieses lenkt er, ob er es will oder nicht, die Aufmerksamkeit des Publikums. In welchen Fällen ist er dazu berechtigt oder sogar verpflichtet? Verrisse – wozu eigentlich und für wen?

Die Beantwortung derartiger Fragen hängt vor allem von den Ansprüchen ab, die man an die Kritik überhaupt stellt. Und diese Ansprüche wiederum haben fast immer mit den Erwartungen zu tun, die man an die Literatur knüpft. Was auf den ersten Blick ein eher praktisches Problem im Alltag der Redakteure und Rezensenten scheint, rührt bei näherer Betrachtung unversehens an Fundamentales – an die Möglichkeiten und Aufgaben der Literatur und an die Funktion der Kritik.

II

Wer sich über die Arbeit anderer öffentlich äußert und nicht alles schön und gut findet, bereitet manchen Schadenfreude, setzt sich aber sofort dem Verdacht aus, er sei ein hämischer Kerl, dem es Spaß mache, seinen Mitmenschen am Zeug zu flicken. Kritik, welchem Bereich des Lebens sie auch gelten mag, ruft mit dem Zweifel an ihrer Berechtigung zugleich die Frage hervor, was denn den Kritisierenden, gerade ihn, befuge, über die Leistungen anderer zu urteilen.

Daß die erste Reaktion auf die Kritik in der Regel defensiv ist, scheint indes keineswegs verwunderlich; und diese Reaktion ist nicht bloß für einzelne Länder charakteristisch oder nur für bestimmte Epochen. Überall, also auch dort, wo man die Bedeutung der Kritik voll anerkennt und in ihr ein entscheidendes Element jeglichen geistigen Lebens sieht, begegnet man ihr mit einiger Empfindlichkeit, mit einem mehr oder weniger getarnten Unbehagen, nirgends ist das Verhältnis zu jenen, die kritisieren oder gar aus dem Kritisieren einen Beruf gemacht haben, frei von Ressentiments und Mißtrauen. »Genau wie es den reichsten Kandidaten jeden Heller kostet, den er wert ist, wenn er ein wahrer Bettler werden will, so wird es einen Menschen alle guten Eigenschaften seines Geistes kosten, ehe er beginnen kann, ein wahrer Kritiker zu werden; allerdings würde man das vielleicht auch bei einem geringeren Preis für einen nicht lohnenden Kauf halten« – meinte um 1700 Jonathan Swift.[1]

Aber so gewiß Empfindlichkeiten und Mißtrauen gegen Kritik allgemeine und internationale Erscheinungen sind, so gewiß ist das Verhältnis der Deutschen zur Kritik von besonderer Art. Diese Frage, über die Historiker und Soziologen, Philosophen und Psychologen schon viel geschrieben haben, gehört offenbar zu jenen heiklen Themen, die ihre Aktualität und Dringlichkeit, wie immer die geschichtliche Entwicklung hierzulande verlief und verläuft, fatalerweise nicht einbüßen wollen. Vielleicht ist es nicht überflüssig, in diesem Zusammenhang an ein Werk zu erinnern, das häufig genannt, beschimpft und zitiert und nur sehr selten gelesen wird – an Madame de Staëls zwischen 1808 und 1810 entstandenes Buch »De l'Allemagne«.

Trotz vieler unzweifelhaft apologetischer Partien, die auf französische Leser einen pädagogischen Einfluß ausüben sollten, entwirft Madame de Staël nun doch kein so einseitig-verherrlichendes Deutschlandbild, wie man ihr dies gern nachsagt. So behauptet sie in dem Kapitel »Über die Sitten und den Charakter der Deutschen«: »Die Liebe zur Freiheit ist bei den Deutschen nicht entwickelt. Sie haben weder durch ihren Genuß noch durch ihre Entbehrung den Wert kennengelernt, den man auf ihren Besitz legen kann.« Die Deutschen – heißt es weiter – »möchten, daß ihnen in bezug auf ihr Verhalten jeder einzelne Punkt vorgeschrieben werde ... Und je weniger man ihnen Gelegenheit gibt, selbständig einen Entschluß zu fassen, um so zufriedener sind sie ... Daher kommt es denn, daß sie die größte Gedankenkühnheit mit dem untertänigsten Charakter vereinen. Das Übergewicht des Militärstandes und die Rangunterschiede haben ihnen in gesellschaftlicher Beziehung die größte Untertänigkeit zur Gewohnheit gemacht ... Sie sind in der Ausführung jedes erhaltenen Befehls so gewissenhaft, als ob jeder Befehl eine Pflicht wäre.«[2]

Auch das, was sich in dem Kapitel »Über den Einfluß der neuen Philosophie auf den Charakter der Deutschen« findet, kann schwerlich als schmeichelhaft gelten: »Leider muß man bekennen, daß die Deutschen der Jetztzeit das, was man Charakter nennt, nicht besitzen. Sie sind als Privatleute, als Familienväter, als Beamte tugendhaft und von unbestechlicher Redlichkeit; ihr gefälliger und zuvorkommender Diensteifer gegen die Macht aber schmerzt, besonders wenn man sie liebt …« Nicht ohne Spott bemerkt Madame de Staël, daß sich die Deutschen »philosophischer Gründe bedienen, um das auseinanderzusetzen, was am wenigsten philosophisch ist: die Achtung vor der Macht und die Gewöhnung an die Furcht, die diese Achtung in Begeisterung verwandelt.«[3]

Nationale Verallgemeinerungen haben schon zuviel Unheil angerichtet, als daß wir sie ohne Skepsis hinnehmen könnten. Dennoch fällt es schwer, Madame de Staël zu widersprechen. Und diese jedenfalls nicht abwegigen Beobachtungen aus den ersten Jahren des neunzehnten Jahrhunderts weisen zugleich auf die Faktoren hin, die das öffentliche Bewußtsein in Deutschland bestimmt und zu einer prononciert antikritischen Tendenz geführt haben – auf jene

Mentalität also, die wir gemeinhin als Untertanengesinnung und Obrigkeitsdenken bezeichnen.

Es liegt auf der Hand, daß der Untertanenstaat die Kritik, in welcher Form auch immer, als etwas Überflüssiges und Lästiges empfand, daß er sie bekämpfte und womöglich ganz zu verhindern suchte und daher die Kritisierenden zu verketzern bemüht war: Wo man Unterordnung und Ergebenheit fordert und den Gehorsam und die Gefolgschaft verherrlicht, wird das selbständige Denken sogleich zum Ärgernis, wo Befehle gelten sollen, muß sich die Kritik als gefährlicher Störfaktor erweisen. Mit anderen Worten: Freiheit und Kritik bedingen sich gegenseitig. Wie es also keine Freiheit ohne Kritik geben kann, so kann auch die Kritik nicht ohne die Freiheit existieren.

Nicht weniger augenscheinlich ist es wohl, daß zwischen der verspäteten Entwicklung des deutschen Bürgertums und der damit zusammenhängenden verspäteten Einführung der Demokratie in Deutschland einerseits und der antikritischen Mentalität und Einstellung der Öffentlichkeit andererseits eine unmittelbare Wechselbeziehung besteht. Demokratie wird durch Kritik geradezu definiert, da ja die allen

Demokratien nach wie vor zugrunde liegende Konzeption der Gewaltenteilung nichts anderes besagt, als »daß jeweils die eine dieser Gewalten an der anderen Kritik übt und dadurch die Willkür einschränkt, zu der eine jegliche, ohne jenes kritische Element, tendiert«.

Adorno, der daran in einer seiner letzten Arbeiten erinnerte, wies zugleich auf die Folgen hin, die die hinter der Geschichte herhinkende nationalstaatliche Einigung Deutschlands für die Kritikfeindschaft hatte: Sie wurde im Kaiserreich eher noch gesteigert, weil »das deutsche Einheits- und Einigkeitstrauma … in jener Vielheit, deren Resultante demokratische Willensbildung ist, Schwäche wittert. Wer kritisiert, vergeht sich gegen das Einheitstabu, das auf totalitäre Organisationen hinauswill. Der Kritiker wird zum Spalter und, mit einer totalitären Phrase, zum Diversionisten.«[4]

Wer sich einreden will, daß – nach einem Wort Emanuel Geibels aus den sechziger Jahren des neunzehnten Jahrhunderts – am deutschen Wesen die Welt genesen konnte[5] und sogar sollte (und viele Deutsche haben daran offenbar aufrichtig geglaubt), der mochte von Kritik nichts hören und war rasch bereit, die Kritisierenden für üble Querulanten, permanente Spielverderber und ekelhafte Parasiten zu halten. Mehr noch: Sie gerieten im allgemeinen Bewußtsein oft genug in die Nähe von Verrätern und Volksfeinden. Es entstand eine einigermaßen groteske Situation: Im Land, dessen hervorragendster Philosoph das Wort »Kritik« schon in den Titeln seiner Hauptwerke verwendete, wurde die kritische Einstellung allen Ernstes und mit Erfolg als undeutsch, als etwas Fremdartiges diffamiert.

So konnte es geschehen, daß die Abschaffung der Kritik durch den Nationalsozialismus bei beträchtlichen Teilen der deutschen Intelligenz allem Anschein nach keine sonderliche Verwunderung hervorgerufen hat: Ohnehin waren sie gewohnt, in der Kritik nicht einen immanenten Faktor jeder geistigen Betätigung zu sehen, vielmehr einen solchen, der im Grunde bloß hemmt und zersetzt.

Daß dies alles nicht für die Vergangenheit gilt, daß es hingegen die beiden Weltkriege überlebt hat und auch heute – mutatis mutandis – in verschiedensten Bereichen des öffentlichen Lebens spürbar wird, mag eine Trivialität sein: Immer noch ist das Verhältnis vieler Deutschen zur Kritik in hohem Maße gestört und trägt häufig geradezu neurotische Züge. Schon der Sprachgebrauch läßt dies erkennen.

Denn im Gegensatz zu den wichtigeren europäischen Sprachen bedeutet ja das Wort »kritisieren« im Deutschen meist nicht etwa soviel wie unterscheiden, prüfen, analysieren, werten oder beurteilen, sondern hat einen einseitig pejorativen Sinn oder zumindest einen unmißverständlich pejorativen Unterton: Werten verwechselt man mit abwerten und urteilen mit verurteilen. Die verbindlichen Wörterbücher bestätigen das sehr deutlich. In Dudens »Vergleichendem Synonymwörterbuch« findet sich unter dem Stichwort »kritisieren« lediglich ein Hinweis auf das Stichwort »bemängeln«. Und Dudens »Fremdwörterbuch« erklärt das Verbum »kritisieren« mit drei anderen Verben; sie lauten: »beanstanden, bemängeln, tadeln«.

Ein aus dem Absolutismus stammendes und nie überwundenes Vorurteil gegen das kritische Element, eine dumpfe, offenbar häufiger empfundene als artikulierte Abneigung, ein tiefverwurzeltes und gereiztes Mißtrauen und schließlich die ungetarnte und aggressive Feindschaft, der Haß gegen die Kritik – das ist jener allgemeine Hintergrund, vor dem sich seit über zweihundert Jahren die deutsche Literaturkritik zu behaupten versuchte, vor dem sie sich entwickelte und nicht entwickelte.

III

Am Anfang war Lessing. Er ist – wie es schon in Adam Müllers 1806 gehaltenen »Vorlesungen über die deutsche Wissenschaft und Literatur« heißt – »eigentlicher Urheber, Vater der deutschen Kritik«[6]. Ihre Geschichte beginnt um 1750 mit den ersten journalistischen Versuchen des etwa Zwanzigjährigen, mit seinen Beiträgen für die »Berlinische privilegierte Zeitung« und ihre monatliche Beilage »Das Neueste aus dem Reiche des Witzes«, deren Titel übrigens nicht auf ein Witzblatt hindeutete, da das Wort »Witz« damals im Sinne von »Esprit« gebraucht wurde.

Die Herkunft von Journalismus ist der kritischen Prosa Lessings fast immer anzumerken. Das hat ihr nicht geschadet. Im Gegenteil: Sie ist gerade in dieser Hinsicht vorbildlich und exemplarisch geblieben. Denn er diente der Wissenschaft mit dem Temperament des Journalisten und betrieb den Journalismus mit dem Ernst des Wissenschaftlers. Die Tagesschriftstellerei machte aus ihm einen Polemiker und drängte ihn zur Rhetorik; »noch seine abstraktesten Schriften – so Walter Jens – haben den Charakter des Werbens, Rechtens und Eiferns«[7]. Und der Journalismus ist es, der Lessing nötigte, in manchen seiner kritischen Arbeiten demagogische Mittel nicht zu verpönen.

Er war – auch in dieser Beziehung beispielhaft – ein Kritiker, der sich seiner Gegenwart und ihrem literarischen Leben verpflichtet fühlte, den also zu den unmittelbaren Themen seiner Betrachtungen die aktuelle Buchproduktion, die Zeitschriften und die Spielpläne anregten. Ein Praktiker, urteilte er am liebsten von Fall zu Fall und blieb dicht am konkreten Gegenstand, ohne freilich das Ganze, um das es ihm stets und vor allem ging, aus den Augen zu verlieren. Die Praxis des Journalismus hinderte ihn, nur für die Kenner zu schreiben. Mit Recht rühmte Friedrich Schlegel, Lessings Kritik sei »doch durchaus populär, ganz allgemein anwendbar«, ihr Geist liege »ganz in dem Kreise des allgemein Verständlichen«[8].

Aber Lessing muß das Publikum erst einmal von der Nützlichkeit und Daseinsberechtigung der Kritik überzeugen. Schon damals sind ihre eifrigsten Gegner jene Schriftsteller, die sich von ihr ungerecht behandelt fühlen und »welche so gern jedes Gericht der Kritik für eine grausame Inquisition ausschreien«. Im Zusammenhang mit derartigen Attacken gegen die »Bibliothek der schönen Wissenschaften und der freien Künste« appelliert Lessing an die Leser: »Lassen Sie sich in Ihrer guten Meinung von diesem kritischen Werke nichts irren. Man hat ihr Parteilichkeit und Tadelsucht vorgeworfen; aber konnten sich die mittelmäßigen Schriftsteller, welche sie kritisiert hatte, anders verantworten?«[9] Und in dem berühmten letzten Stück der »Hamburgischen Dramaturgie« bekennt Lessing, er sei »immer beschämt und verdrüßlich geworden«, wenn er »zum Nachteil der Kritik etwas las oder hörte«[10].

Daß Lessing genötigt war, für die Kritik als Institution nachdrücklich zu plädieren, sie zu verteidigen und um ihre Anerkennung zu kämpfen, leuchtet ein. Bemerkenswerter und verwunderlicher scheint jedoch der Umstand, daß er auch in dieser Hinsicht über die Jahrhunderte hinweg vorbildlich geblieben ist: Denn die Geschichte der deutschen Literaturkritik ist die Geschichte des Kampfes um ihre Anerkennung. Wer sich in Deutschland ernsthaft mit der Literatur seiner Zeit auseinandersetzte, kam früher oder später in die Lage, sich auf jenes Bekenntnis Lessings berufen zu müssen oder nach Friedrich Schlegel zu wiederholen: »In der Tat kann keine Literatur auf die Dauer ohne Kritik bestehen ...«[11]

Aber die Wirkungsgeschichte oder, richtiger gesagt, die Nichtwirkungsgeschichte des neben Lessing hervorragendsten Vertreters der deutschen Literaturkritik, eben Friedrich Schlegels, spricht eine so deutliche wie deprimierende Sprache.[12] 1932 schrieb Ernst Robert Curtius: »Wir haben an Friedrich Schlegel viel gutzumachen, denn kein großer Autor unserer Blütezeit ist so mißverstanden worden, ja so böswillig verleumdet worden, schon zu seinen Lebzeiten, aber merkwürdigerweise auch noch lange darüber hinaus, ja, eigentlich bis auf die unmittelbare Gegenwart. Es ist peinlich und schwer begreiflich, wie zäh sich Vor- und Fehlurteile in unserer deutschen Universitätswissenschaft fortpflanzen... Was hat denn die deutschen Professoren so sehr gegen Friedrich Schlegel aufgebracht? Warum haben sie ihn wie einen ungezogenen Schüler behandelt, der Allotria treibt?«[13]

Curtius wußte sehr wohl, daß dieses feindselige und oft kleinbürgerlich-bornierte Verhältnis zu Friedrich Schlegel in hohem Maße symptomatisch war, weil hier jene dumpfen Gefühle – von der Geringschätzung bis zum Haß – augenscheinlich wurden, mit denen man in Deutschland der Literaturkritik von Anfang an begegnete. Und Curtius wurde nicht müde, zumal nach 1945, als zumindest die äußeren Bedingungen für die Restitution der Kritik gegeben waren, auf ihre Bedeutung und ihren Verfall immer wieder hinzuweisen. In seinem 1948 erschienenen Buch »Europäische Literatur und lateinisches Mittelalter« stellt er fest: »Lessing, Goethe, die Schlegels, Adam Müller hatten die literarische Kritik in Deutschland zu höchster Blüte gebracht. Aber sie vermochten nicht, ihr einen bleibenden Rang im geistigen Leben der Nation zu sichern. So ist es bis heute geblieben.«[14] Seinen aus derselben Zeit stammenden Essay über »Goethe als Kritiker« beginnt Curtius mit der oft zitierten Klage: »Die literarische Kritik hat im deutschen Geistesleben keine anerkannte Stelle ... Literarische Kultur ist bei uns Sache verstreuter Einzelner ...«[15]

Seit über zwei Jahrhunderten werden solche oder doch recht ähnliche Töne angeschlagen, diese düstere Diagnose ist schon Tradition geworden, ja sie scheint mittlerweile ebenso zum Habitus des Gewerbes zu gehören wie der eher melancholische als stolze Verweis auf seine Meister, auf die hehre Ahnenreihe. Curtius führt bloß wenige Namen an, doch ließe sich die Aufzählung leicht ergänzen und die Reihe bis in unsere Zeiten, zumindest bis zu Benjamin und Curtius selber, fortsetzen. Nur würde das die elegische Klage mitnichten erschüttern, es würde sie vielmehr erhärten.

Denn sie, diese Meister von gestern, hat man in der Regel ignoriert und verkannt – für einige von ihnen gilt das noch heute – und oft denunziert und verdammt; und wenn sie in der Literaturkritik nicht nur eine zusätzliche Betätigung sahen, wenn es für sie tatsächlich mehr als ein Nebenamt war, dann mußten sie sich früher oder später zurückziehen, sie resignierten und kapitulierten. Nein, Deutschland mangelte es nicht an großen Kritikern, aber den großen deutschen Kritikern fehlte Deutschland.

Gewiß haben manche von ihnen eine Zeitlang beachtliches Ansehen genossen und Einfluß ausgeübt. Die Situation ihres Metiers blieb davon unberührt und nicht zu Unrecht, da sie eben doch – wie Curtius sagte – nur »verstreute Einzelne« waren, exzeptionelle und nicht repräsentative Erscheinungen. Man schätzte ihre Meinung, ohne deshalb ihr Amt akzeptieren zu wollen. Mit anderen Worten: Dieser oder jener Kritiker wurde – jedenfalls vorübergehend – anerkannt, doch nicht die Kritik als Institution. »Wir haben Schauspieler, aber keine Schauspielkunst«[16] – heißt es im letzten Stück der »Hamburgischen Dramaturgie«, und so mag es auch zutreffen, daß wir, wie schon in Abwandlung dieses berühmten Wortes konstatiert wurde, zwar Kritiker, doch keine Kritik haben.

Warum? Wenn – mit Hofmannsthal zu sprechen – »das Schrifttum als geistiger Raum der Nation«[17] zu sehen ist, dann darf doch gefragt werden, warum die Kritik in diesem Raum bestenfalls ein provisorisches und immer nur ein kurzfristiges Obdach und nie ein ordentliches Dauerquartier finden kann? Von der generellen Abneigung gegen Kritik im weitesten Sinne des Wortes und von der heftigen antikritischen Tendenz des öffentlichen Bewußtseins in Deutschland war schon die Rede. Damit läßt sich viel erklären, aber bestimmt nicht alles.

Vielleicht hat die Situation der Kritik auch mit ihrer Art zu tun, mit ihrem Niveau und ihrer Qualität? Sollten es etwa gewisse ihrer Eigentümlichkeiten sein, die – natürlich nicht ohne Zusammenhang mit jenem allgemeinen Hintergrund – die Autorität der deutschen Kritik als Institution immer aufs neue verhindert haben?

IV

Die deutsche Literaturkritik ist schlecht. Sie macht eine schwere Krise durch, sie liegt darnieder und siecht dahin. Ihre Misere ist offenkundig, ihr Verfall erschreckend, ihr beschämender Tiefstand läßt sich nicht mehr verheimlichen. – So heißt es jedenfalls heute. Erst heute?

Zumindest seit Lessings Zeiten bedenkt man die Kritik immer wieder mit denselben Vokabeln – stets hören wir von Krise und Misere, vom Verfall und Elend, vom Tiefpunkt und Tiefstand. Hängt das damit zusammen, daß viele Äußerungen über die Kritik – und zwar gerade die pointierten und effektvollen, die virtuos formulierten – von jenen stammen, die ihr Gegenstand waren und sind?

Seit der junge Goethe die Verszeile schrieb »Schlagt ihn tot, den Hund! Es ist ein Rezensent!«[18], sind fast zweihundert Jahre vergangen, doch gehört sie nach wie vor zu den populärsten Zitaten der deutschen Feuilletons. Und wenn Schriftsteller sich gedrängt fühlen zu sagen, was sie von Kritikern halten, ist immer noch von Tieren die Rede: Neben Hunden und Klapperschlangen sind in den freundlichen Vergleichen Insekten besonders beliebt, zumal Läuse, Flöhe und Wanzen. Bei Nietzsche heißt es einmal: »Die Insekten stechen nicht aus Bosheit, sondern weil sie auch leben wollen: ebenso unsere Kritiker; sie wollen unser Blut, nicht unseren Schmerz!«[19]

Im Unterschied jedoch zum jungen Goethe

pflegen spätere Autoren nicht gleich den sofortigen Totschlag des Rezensenten zu empfehlen, sondern begnügen sich mit etwas vorsichtigerer Artikulation ihres Grolls, vornehmlich in Bonmots – so etwa Arthur Schnitzler: »Nullen – man mag sich mit ihnen abfinden, es gibt so viele. Aber eine Null und frech dazu, das ist der Rezensent.«[20]

Natürlich sollte alles, was Schriftsteller über Kritik und Kritiker schreiben – ob nun in heiligem Zorn oder in guter Laune, ob es sich um Bitterernstes oder um Heiteres handelt –, mit einiger Vorsicht aufgenommen werden. Denn so gewiß sich in solchen Äußerungen zahllose wichtige und originelle Gedanken finden lassen, so zeugen sie in der Regel von, vorsichtig ausgedrückt, Befangenheit. Nur daß ihre Existenz und Intensität niemanden wundern dürfen: Noch müßte der Schriftsteller geboren werden, der nicht besonders empfindlich und verletzbar wäre und den die Reaktion der Umwelt auf sein in weiß Gott wie langer Zeit entstandenes Werk wenig anginge. Und der Kritiker ist der am deutlichsten sichtbare und vernehmbare Repräsentant dieser Umwelt und zugleich jener, der – zu Recht oder zu Unrecht – die größten Möglichkeiten hat, auf ihre Reaktion einzuwirken.

Die Folgen dieses Sachverhalts sind bekannt: In ihrem 1939 geschriebenen Essay über die Kritik meint Virginia Woolf, der Autor schätze »eine Besprechung nur noch der Wirkung wegen, die sie auf seinen Ruf und den Absatz seiner Bücher hat«[21]. Zu einem ähnlichen Ergebnis kommt gleichzeitig, 1939, Georg Lukács, der die Leser seiner Abhandlung über das Thema »Schriftsteller und Kritik« nach allerlei komplizierten und gelehrten Erwägungen mit einer ebenso simplen wie einleuchtenden These verblüfft, nämlich: »Für den Schriftsteller ist im allgemeinen eine ›gute‹ Kritik jene, die ihn lobt oder seine Nebenbuhler herunterreißt; eine ›schlechte‹ jene, die ihn tadelt oder seine Nebenbuhler fördert.«[22]

In der Tat ist es, wo immer und wie immer sich ein Autor über einen Kritiker äußert, nicht unnütz zu fragen, wie dieser Kritiker jenen Autor, zumal sein letztes Buch, beurteilt hat. Und wo ein Schriftsteller wieder einmal den Tiefstand der gesamten Literaturkritik beklagt, empfiehlt sich die Frage nach der Meinung der überwiegenden Mehrheit der Rezensenten über sein Werk, vor allem über sein letztes Buch. Freilich sollte man sich hüten, in subjektiven und situationsbedingten Ansichten über Kritiker und die Kritik immer gleich Racheakte zu wittern und Unaufrichtigkeit oder Perfidie da zu sehen, wo es sich zunächst einmal um Befangenheit und Voreingenommenheit handelt, um die Selbstverständigung und die Selbstverteidigung des Schriftstellers.

An solche jahrhundertealten Erfahrungen mag Walter Benjamin gedacht haben, als er den Satz schrieb: »Für den Kritiker sind seine Kollegen die höhere Instanz.«[23] Es hat sich also die Kritik der Kritik der Kritik anzunehmen. In dieser Beziehung kann man der deutschen Literaturkritik weder Mangel an Eifer noch Temperamentlosigkeit vorwerfen: Solange es sie gibt, solange zweifelt sie an sich selber und stellt sich selbst immer wieder in Frage. Zufriedenheit mit den Leistungen der Zunft ist in diesem Gewerbe nicht bekannt, ja, deutsche Kritiker lieben es, an dem Ast zu sägen, auf dem sie sitzen; und das wenigstens spricht nicht gegen sie.

Schon am Anfang des neunzehnten Jahrhunderts, als Madame de Staël durch Deutschland reiste, hatte das Metier offenbar starken Zulauf: »Wie man in gewissen Städten mehr Ärzte findet als Kranke« – berichtete sie –, »so gibt es in Deutschland zuweilen mehr Kritiker als Autoren.«[24] Aber diese vielen Kritiker verglich einer von ihnen, Joseph Görres, in einem Aufsatz vom Jahre 1804 mit »giftigen Klapperschlangen, die in so manchen Winkel-Tribunalen sich wälzen«; ohne Umschweife sagte er, was sie in seinen Augen seien: »die Repräsentanten der Schande«.[25]

Nicht glimpflicher ging wenig später, 1806, der Kritiker Adam Müller mit jenen um, in denen er mitnichten seine Kollegen sah, die jedoch damals für die deutschen Literaturzeitungen schrieben: »Der unwürdige Widerspruch, in welchem einzelne wenige, vortreffliche, den höchsten Forderungen gewachsene Kritiken mit der in der großen Majorität der Rezensionen herrschenden Flachheit, Leerheit und Unwissenheit stehen«, beweise, »daß ihr Reich wirklich zu Ende geht«.[26]

Müller scheint zu optimistisch gewesen zu sein, denn genau zwanzig Jahre später meint Ludwig Börne: »Deutsche Rezensionen lassen sich in der Kürze mit nichts treffender vergleichen, als mit dem Löschpapier, auf dem sie gedruckt sind! ... Es gibt kein kritisches Blatt in Deutschland, das verdiente, sein eigener Gegenstand zu werden ... In Deutschland schreibt jeder, der die Hand zu nichts anderem gebraucht, und wer nicht schreiben kann, rezensiert.«[27]

In einem Brief vom Jahre 1883 erklärt Fontane: »Nichts liegt hier so darnieder, wie die Kritik. Die Betreffenden wissen gar nicht worauf es ankommt.«[28] Kurt Tucholsky ist 1931 nicht anderer Ansicht: »Was die deutsche Buchkritik anlangt« – behauptet er in der »Weltbühne« –, »so ist sie auf einem Tiefstand angelangt, der kaum unterboten werden kann ... Das Publikum liest diese dürftig verhüllten Waschzettel überhaupt nicht mehr, und wenn es sie liest, so orientiert es sich nicht an ihnen.«[29]

Und in der Bundesrepublik? 1960 meint Friedrich Sieburg: »Was die Rolle der Literaturkritik angeht, so sind in unserem Bereich kaum noch Illusionen erlaubt.«[30]

Kurz und gut: Die Kritisierten und die Kritisierenden, die angeblichen Opfer und ihre angeblichen Verfolger oder gar Henker, sie alle, die ein und dasselbe Phänomen von verschiedenen und oft auch entgegengesetzten Seiten sehen und sehen müssen – hier, in der fundamentalen Diagnose einer offenbar unheilbaren Krankheit, sind sie sich seit zwei Jahrhunderten vollkommen einig.

Sie ist, kann man sagen, älter als die Kritik selber – und das wiederum hat mit einer elementaren Frage der Kunstbeurteilung zu tun. »Wir werden von einem Kunstwerk« – sagt

August Wilhelm Schlegel – »nicht bloß als Menschen, sondern als Individuen affiziert, und das noch so ausgebildete Gefühl steht immer unter individuellen Beschränkungen.« Da es »durchaus keine Wissenschaft gibt, welche rein objektiv, allgemein gültig urteilen lehrte«, müsse die Kritik ihrem Wesen nach notwendig individuell sein, immer sei in ihr auch Subjektives enthalten.[31]

Hier, in der Relativität und Subjektivität, in der Fragwürdigkeit jeglicher Kunstbeurteilung hat ihre tiefsten Wurzeln jene berühmte Krise: Sie ging der erst durch die Entwicklung der Presse notwendig gewordenen Institutionalisierung der Kritik voran. In diesem Sinne mag die Misere der Kritik nicht etwa eine zeitweilige Erscheinung, sondern eine unvermeidliche Folge sein – ein permamenter Zustand, der sich gleichwohl ändert; und der sich in gewissen Grenzen natürlich auch verändern läßt.

V

Im Jahre 1755 publiziert der Buchhändler und Verleger, Kritiker und Redakteur, Romancier und Reiseschriftsteller Christoph Friedrich Nicolai, ein bedeutender und verdienstvoller Mann, der von Lessing geschätzt, von Goethe verspottet und von Fichte bekämpft wurde und den deutsche Literarhistoriker oft ungerecht behandelt haben, sein erstes Buch: »Briefe über den itzigen Zustand der schönen Wissenschaften in Deutschland«. In ihm verteidigt der damals übrigens erst zweiundzwanzigjährige Autor leidenschaftlich und fast schon beschwörend die Sache der Kritik, zumal das Recht und die Pflicht des Kritikers, negative Urteile zu fällen.

So schreibt er im siebzehnten Brief: »Werden Sie denn nicht aufhören, mir meine schwarze Galle vorzuwerfen! Dies ist ein Vorwurf, den ich so wenig verdiene, als oft er mir von Ihnen gemacht wird! Was bewegt Sie doch zu glauben, daß ich eigensinnig und menschenfeindlich handle? daß ich bei Schönheiten die Augen mutwillig zuschlösse, und daß ich nur Fehler finden will... Sie tadeln mich, daß ich mit vielen deutschen Schriftstellern nicht zufrieden bin; ist dies meine Schuld? wären diese Herren weniger mit sich zufrieden gewesen, so würden ihre Leser vielleicht mehr mit ihnen zufrieden sein!...«

Dem Kritiker, der eine negative Ansicht äußert – erklärt Nicolai –, sei an nichts anderem gelegen als an dem Positiven: »Die Kritik nimmt also nicht aus Milzsucht, Haß oder Eigensinn ihren Ursprung, sie hat vielmehr die besten Zwecke, und so wehe sie der Eigenliebe gewisser Schriftsteller gut, so heilsam ist sie denselben und allen, die die schönen Wissenschaften lieben ... Die Kritik ist die einzige Helferin, die, indem sie unsre Unvollkommenheit aufdeckt, in uns zugleich die Begierde nach höhern Vollkommenheiten anfachen kann.«[32]

Ähnlich wie Nicolai bemühen sich auch andere Schriftsteller der Aufklärung, den deutschen Lesern klarzumachen, welche Rolle der Negation in der Literaturkritik zukommt. Sie soll die Nichtkönner abschrecken, die Mittelmäßigen zu Bedeutenderem nötigen, die Großen warnen und, vor allem, die Leser bilden. »Einem Menschen von gesundem Verstande, wenn man ihm Geschmack beibringen will, braucht man es nur auseinander zu setzen, warum ihm etwas nicht gefallen hat« – heißt es in der Ankündigung der »Hamburgischen Dramaturgie«.[33]

Und im letzten seiner »Briefe antiquarischen Inhalts« sah sich Lessing veranlaßt, das Publikum zu belehren, daß »jeder Tadel, jeder Spott« dem Kunstrichter erlaubt sei und niemand ihm vorschreiben könne, »wie sanft oder wie hart, wie lieblich oder wie bitter, er die Ausdrücke eines solchen Tadels oder Spottes wählen soll. Er muß wissen, welche Wirkung er damit hervorbringen will, und es ist notwendig, daß er seine Worte nach dieser Wirkung abwäget.«[34]

So stark der Gegensatz zwischen den Romantikern und den Aufklärern auch war, so gewiß etwa Friedrich Schlegel nicht die geringsten Skrupel hatte, das Bild Lessings kräftig zu retuschieren, ja es sich für den eigenen Bedarf zurechtzumachen,[35] so gab es doch in dieser Beziehung zwischen ihnen keinen Meinungsunterschied – sowohl die großen Kritiker der Romantik als auch die Vertreter der Aufklärung billigten der Negation innerhalb der Literaturkritik eine unerläßliche Funktion zu.

Es fällt auf, mit welcher Entschiedenheit Friedrich Schlegel gerade diesen Aspekt akzentuiert hat. In seinen »Eisenfeilen« erklärt er kurzerhand: »Die Kritik ist die Kunst, die Scheinlebendigen in der Literatur zu töten.«[36] Worauf diese provozierende, diese natürlich bewußt überspitzte Sentenz im Grunde abzielt, läßt sich vor allem der Abhandlung »Lessings Geist aus seinen Schriften« entnehmen, an die man nicht oft genug erinnern kann.

Schlegel beklagt hier unter anderem die Voraussetzungen für die Rezeption der Literatur, nämlich die Art, »wie seit Erfindung der Buchdruckerei und Verbreitung des Buchhandels durch eine ungeheure Masse ganz schlechter und schlechthin untauglicher Schriften der natürliche Sinn bei den Modernen verschwemmt, erdrückt, verwirrt und mißleitet wird«. Es sei – konstatiert er ferner – »die Masse des Falschen und Unechten, was in der Bücherwelt, ja auch in der Denkart der Menschen die Stelle des Wahren und Echten einnimmt, gegenwärtig ungeheuer groß. Damit nun wenigstens Raum geschafft werde für die Keime des Bessern, müssen die Irrtümer und Hirngespinste jeder Art erst weggeschafft werden.« Lessing habe »diese Kunst sein ganzes Leben hindurch, besonders in der letzten Hälfte, trefflich geübt«, und Schlegel zögert nicht, »jene billige Verachtung und Wegräumung des Mittelmäßigen oder des Elenden« zu den wichtigsten Eigentümlichkeiten und Verdiensten der Lessingschen Kritik zu zählen.[37]

Aber so selbstverständlich für die großen Romantiker, zumal für die beiden Schlegels diese anzweifelnde und in Frage stellende, diese um der »Keime des Bessern« willen ablehnende und verneinende Funktion der Literaturkritik auch war, so bald wurde sie doch verkannt und infolgedessen nicht nur vernachlässigt, sondern auch diffamiert. Einiges mag dazu Goethe beigetragen haben, vor allem seine berühmte Definition der zerstörenden und der produktiven Kritik.

Seit anderthalb Jahrhunderten wird diese Definition von Generation zu Generation wie der Weisheit letzter Schluß weitergereicht und immer wieder ehrfurchtsvoll zitiert. Sie stammt aus Goethes im Jahre 1821 veröffentlichtem Aufsatz »Graf Carmagnola noch einmal« und lautet: »Es gibt eine zerstörende Kritik und eine produktive. Jene ist sehr leicht; denn man darf sich nur irgendeinen Maßstab, irgendein Musterbild, so borniert sie auch seien, in Gedanken aufstellen, sodann aber kühnlich versichern: vorliegendes Kunstwerk passe nicht dazu, tauge deswegen nichts, die Sache sei abgetan, und man dürfe ohne weiteres seine Forderung als unbefriedigt erklären; und so befreit man sich von aller Dankbarkeit gegen den Künstler. Die produktive Kritik ist um ein gutes Teil schwerer; sie fragt. Was hat sich der Autor vorgesetzt? ist dieser Vorsatz vernünftig und verständig? und inwiefern ist es gelungen, ihn auszuführen? Werden diese Fragen einsichtig und liebevoll beantwortet, so helfen wir dem Verfasser nach, welcher bei seinen ersten Arbeiten gewiß schon Vorschritte getan und sich unserer Kritik entgegengehoben hat. Machen wir aufmerksam auf noch einen Punkt, den man nicht genug beobachtet: daß man mehr um des Autors als des Publikums willen urteilen müsse.«[38]

Gerhard F. Hering hat 1961 in der Einleitung zum ersten Band seiner (übrigens sehr verdienstvollen) Anthologie »Meister der deutschen Kritik« diese Passage Goethes mit der charakteristischen Bemerkung versehen: »Hier bei Goethe in die Schule zu gehen, sollte selbstverständlich werden für alle diejenigen, die sich, auch vor den Horizonten der Katastrophen, weiter mit nur scheinbar so abseitigen Fragen beschäftigen wie mit denen der Kritik.«[39] Ist das wirklich zu empfehlen? Und wieso sollte es gar selbstverständlich sein?

Kein Zweifel, daß Goethe im Recht ist, wenn er sich verärgert gegen jene Kritiker wendet, die »irgendeinen Maßstab« oder »irgendein Musterbild« aufstellen und dann das zur Debatte stehende Kunstwerk ablehnen, weil es jenem Maßstab nicht entspricht. Ebenso berechtigt – und auch ebensowenig originell – ist die Forderung Goethes, der Kritiker solle fragen, was der Autor gewollt habe, ob dies vernünftig sei und inwiefern es realisiert wurde.

Dennoch haben wir es mit einer höchst fragwürdigen Alternative zu tun. In Friedrich Schlegels »Fragmenten zur Literatur und Poesie« findet sich der Satz: »Goethe ist zu sehr Dichter, um Kunstkenner zu sein.«[40] Dies mag eine etwas leichtfertige Behauptung sein, hier indes scheint sie durchaus nicht absurd. Jedenfalls ist es kaum der Kunstkenner Goethe, der die Aufgabe der Kritik definiert, vielmehr der zwar längst weltberühmte, doch nach wie vor um seine Wirkung besorgte Dichter.

Zunächst einmal: Mit jener »Dankbarkeit gegen den Künstler« meint Goethe nicht ein mögliches Ergebnis der kritischen Untersuchung, sondern deren offenbar unerläßliche Voraussetzung. Wie aber, wenn zu dieser Dankbarkeit – was immerhin für viele Fälle gilt – gar kein Anlaß besteht? Eine einsichtige und liebevolle Beantwortung der aufgeworfenen Fragen wird verlangt, denn »so helfen wir dem Verfasser nach«. Sollte dies wirklich die zentrale Aufgabe der Kritik sein?

In der Tat erklärt Goethe ohne Umschweife, »daß man mehr um des Autors als des Publikums willen urteilen müsse«. Von hier aus erhalten denn auch die Kategorien »zerstörend« und »produktiv« ihren Sinn: Als ein produktiver Kritiker bewährt sich vor allem derjenige, der sich bemüht, die Sache des Autors zu vertreten, ihm zu dienen und ihn in seiner Entwicklung zu fördern. Somit schließt die Goethesche Forderung nach der produktiven Kritik von vornherein die Ablehnung des Gegenstandes der Betrachtung aus: Was der Künstler beabsichtigt und tatsächlich geleistet hat, darf zwar kritisch kommentiert, ja eventuell sogar »einsichtig und liebevoll« angezweifelt, doch auf keinen Fall verneint werden.

Vielleicht wäre aber auch die Ansicht zulässig, daß Kritiken zunächst einmal um der Literatur willen entstehen und mit dem Blick nicht auf den Autor, sondern auf das Publikum geschrieben werden sollten. Und daß es darauf ankomme, vor allem dem *Leser* zu helfen, und daß somit die Frage, ob auch der Autor aus der Kritik einen Nutzen ziehen könne, von durchaus nebensächlicher Bedeutung sei.

Wie dem auch sei: Nicht Lessings Anschauungen über die Kritik und auch nicht die der Schlegels wurden im neunzehnten Jahrhundert, zumal in der Zeit nach 1848, sanktioniert, sondern diese aus einer Nebenarbeit des alten Goethe stammenden Bemerkungen: Seine oberflächliche und dubiose Alternative war handlich und bequem, auf sie konnte man sich rasch berufen, wo immer es galt, die Literaturkritik in die Schranken zu weisen und zu verleumden.

Natürlich steht das Verhältnis zur Kritik im engsten Zusammenhang mit den geistigen Strömungen nach der Niederlage der Revolution von 1848, in den Jahren also, da man von Hegel nichts mehr wissen wollte und Schopenhauer – nach einer Formulierung von Georg Lukács – »der deutsch-spießbürgerlichen Abkehr vom öffentlichen Leben die hochmütige Allüre eines Über-den-Dingen-Stehens«[41] gab. Auf diese Zeit und erst recht auf die Jahre nach der Reichsgründung von 1871 bezieht sich, was in Nietzsches Buch »Morgenröte« unter dem Titel »Die Feindschaft der Deutschen gegen die Aufklärung« zu lesen ist: »Der Kultus des Gefühls wurde aufgerichtet an Stelle des Kultus der Vernunft, und die deutschen Musiker, als Künstler des Unsichtbaren, Schwärmerischen, Märchenhaften, Sehnsüchtigen, bauten an dem neuen Tempel erfolgreicher als alle Künstler des Wortes und der Gedanken.«[42] In der Tat fand die Epoche ihren höchsten künstlerischen Ausdruck nicht in Dramen oder Gedichten, nicht in Romanen oder Novellen, sondern in den Bühnenwerken eines Musikers – im »Tristan«, in den »Meistersingern«.

Gern und oft zitierte man damals das fatale, freilich einem Monarchen in den Mund gelegte Schiller-Wort:

»Drum soll der Sänger mit dem König gehen,
Sie beide wohnen auf der Menschheit Höhen!«

So etwa wollten viele ihre Dichter sehen: als Barden und Träumer, als Poeten, die auf der Menschheit Höhen nur gelangen konnten, wenn sie *mit* den Herrschern gingen. Erst der Dichter, der dem Fürsten diente, war der wahre Dichterfürst. Goethe und Karl August, Wagner und Ludwig II. – die in Wirklichkeit problematischen Beziehungen ließen sich leicht in nationale Leitbilder umstilisieren, die in den Augen der Untertanen die Verbrüderung von Macht und Kunst personifizierten.

Aus dieser Epoche der großen und so lange erwarteten nationalen Erfolge, der allgemeinen Selbstzufriedenheit und der immer mehr um sich greifenden Euphorie stammen vor allem jene bis heute spürbare deutsche Abneigung gegen Witz, Ironie und Scharfsinn, die Geringschätzung des Zivilisatorischen, des Urbanen und der Vernunft, das Mißtrauen gegen den Literaten und den Intellektuellen, wobei übrigens der Gerechtigkeit halber erwähnt werden soll, daß es – Robert Minder hat hierauf hingewiesen –

nicht deutsche, sondern französische Nationalisten waren, die zuerst den Begriff »Intellektueller« im abfälligen Sinne gebraucht haben.⁴³

Wo man aber die Dämmerung und das Geheimnisvolle mehr liebt als die Klarheit und das Nüchterne, wo man der Beschwörung mehr traut als der Analyse, wo man die Denker vor allem dann schätzt, wenn sie dichten, und die Dichter, wenn sie nicht denken, und wo man andererseits eine hartnäckige Schwäche für das Abstruse und Konfuse, für das Tiefsinnige oder, richtiger gesagt, für das Scheinbar-Tiefsinnige hat, da freilich kann kein Platz für die Kritik sein, da muß sie als etwas Lästiges und auch Anstößiges erscheinen.

Damals, in den siebziger Jahren, als sich die zünftige Germanistik von der Gegenwart abwandte und ihre Energie fast ausschließlich auf die ältere Dichtung richtete, als die historisierende und patinierende, die nahezu wertfreie Betrachtung der Literatur triumphierte, da konnte nur ein Außenseiter zur Zentralfigur der deutschen Kritik aufsteigen – jener Amateur und Autodidakt, der sich als ein Meister erwies: Theodor Fontane.

Er wußte sehr wohl, wie nötig es gerade in seiner Zeit war, die Aufgabe der Kritik und damit auch ihre negierende und ablehnende Funktion zu erklären und zu verteidigen. Und er kam dieser Pflicht mit bewundernswerter Geduld nach. »Wenn man uns doch glauben wollte«, schrieb er 1871 in der »Vossischen Zeitung«, »daß wir lieber loben als tadeln, daß wir ohne Voreingenommenheit, ohne jegliche Sympathie oder Antipathie (was die Personenfrage angeht) an diese Dinge herantreten, daß wir keine Freunde und keine Feinde haben und daß uns lediglich die *Sache* am Herzen liegt! Man gebe uns Gutes, und wir werden nicht kritteln und mäkeln ... Wir sind nicht dazu da, öffentliche Billets doux zu schreiben, sondern die Wahrheit zu sagen oder doch *das*, was uns als Wahrheit *erscheint*.«[44]

1883 hält es Fontane für richtig, wieder einmal kräftig auf den Tisch zu schlagen: »Es ist furchtbar billig und bequem, immer von den Anstandsverpflichtungen der Kritik zu sprechen; zum Himmelwetter, erfüllt selber erst durch eure Leistungen diese Verpflichtungen. Das andre wird sich finden. Wie's in den Wald hineinschallt, schallt's wieder heraus.«[45]

Er wendet sich gegen jene, »die nicht müde werden, von der gewohnheitsmäßigen Tadelsucht und der Neidhammelei der Kritik zu sprechen, als ob Kritik-Üben eine ruchlose Beschäftigung und der Kritiker in Person unter den vielen catilinarischen Existenzen die catilinarischste sei«[46], er protestiert gegen die Verherrlichung der Klassiker, Schillers etwa, in der er nur »schnöde Kritiklosigkeit« sieht, »die sich hundert hohe Namen gibt, und im Grunde nichts ist als Nachplapperei, Feigheit und Ungerechtigkeit«[47], er konstatiert knapp und trocken: »Schlecht ist schlecht und es muß gesagt werden. Hinterher können dann andere mit den Erklärungen und Milderungen kommen.«[48]

Wie Fontane plädiert auch Moritz Heimann für die negative Kritik; »die große, je nach Temperamenten sachliche, höhnische, verachtende oder blaguierende Entschiedenheit, mit der sie das völlig nichtige Unkraut bekämpfen«[49] – das eben zeichne, meint Heimann 1897, die wichtigsten Literaturkritiker seiner Zeit aus, zu denen er Paul Schlenther, die Brüder Hart und Fritz Mauthner zählt.

»Wer nicht Partei ergreifen kann, der hat zu schweigen« – dekretiert 1928 Walter Benjamin. In seinen Thesen über »die Technik des Kritikers« findet sich der harte Satz: »Nur wer vernichten kann, kann kritisieren.«[50]

Auch bei Tucholsky fallen, sobald er auf dieses

Thema zu sprechen kommt, unbarmherzige Töne auf. So schreibt er in seinem Aufsatz »Kritik als Berufsstörung«: »Ich will dem Mann schaden, wenn ich ihn tadele. Ich will die Leser vor ihm warnen und die Verleger auch – ich will aus politischen, aus ästhetischen, aus andern offen anzugebenden Gründen diese Sorte Literatur mit den Mitteln unterdrücken, die einem Kritiker angemessen sind. Das heißt: ich habe die Leistung zu kritisieren und weiter nichts. Aber die mit aller Schärfe.«[51]

Ein Schriftsteller ganz anderer Art und Couleur, Gottfried Benn, postuliert ebenfalls eine strenge und womöglich radikale Kritik: »Was die Schärfe angeht« – sagt er in seinem autobiographischen Buch »Doppelleben« –, »bin ich der Meinung, daß in der geistigen Welt durch Schwammigkeit mehr Unheil entstand als durch Härte.«[52]

Allerdings scheint, was in solchen und ähnlichen Äußerungen der Kritik abverlangt wird, mitunter ein wenig banal. Denn wer für den Widerspruch eine Lanze bricht und die Funktion der Verneinung in der Kritik befürwortet, erinnert bloß an ihre elementaren Pflichten: Worauf er besteht, ist im Grunde nicht mehr, als daß man die Literatur ernst nimmt und ernst behandelt. Freilich erwiesen sich diese Forderungen immer wieder als notwendig; oft wurden sie erzwungen – abgesehen von allen anderen Faktoren –, auch durch gewisse Praktiken des literarischen Alltags, die höchst trivial sein mögen und die man dennoch nicht bagatellisieren sollte.

VI

1755 hielt es der junge Nicolai für dringend erforderlich, die literarische Öffentlichkeit gegen jene aufzurufen, »die sich deutsche Kunstrichter nennen« und »mit ihren Lobsprüchen, mit ihren Anpreisungen, mit großen Dichtern und unsterblichen Geistern so freigebig sind, daß man öfters zweifeln muß, ob ihre allzugroße Gelindigkeit mehr aus Parteilichkeit, oder aus Unwissenheit herrühre«[53].

1762 kam Nicolai noch einmal auf dieses Thema zu sprechen: »Wenn man sich nach den gewöhnlichen Rezensionen von neuen Schriftstellern wollte einen Begriff machen, so müßte man glauben, daß in Deutschland lauter Meisterstücke zum Vorschein kämen. Wie sehr aber wird mehrenteils ein Leser, der Geschmack hat, nicht seine Zeit beseufzen müssen, wenn er diese trefflichen Schriften selbst in die Hand nimmt;

er würde gewiß dem Rezensenten ungemeinen Dank wissen, wenn er, statt dem Verfasser Schmeicheleien zu sagen, dem Leser lieber die Wahrheit gesagt hätte.«[54]

Da Nicolai 1768 – in der Einleitung zur »Allgemeinen Deutschen Bibliothek« – diese Krankheit des literarischen Lebens abermals bedauert und verspottet, scheint sie im achtzehnten Jahrhundert besonders lästig gewesen zu sein. Nur im achtzehnten Jahrhundert?

1926 verweist Robert Musil auf »die Leichtigkeit, mit der man heute das höchste Lob spendet, wenn es einem gerade paßt« und meint: »Man nehme sich die Mühe und sammle durch längere Weile unsere Buchbesprechungen und Aufsätze ... Man wird nach einigen Jahren mächtig darüber erstaunen, wie viele erschütterndste Seelenverkünder, Meister der Darstellung, größte, beste, tiefste Dichter, ganz große Dichter und endlich einmal wieder ein großer Dichter im Laufe solcher Zeit der Nation geschenkt werden, wie oft die beste Tiergeschichte, der beste Roman der letzten zehn Jahre und das schönste Buch geschrieben wird.«[55]

Wenig später, 1931, meint Tucholsky: »Die Herren Tadler sind noch Lichtblicke im literarischen Leben. Aber die Hudler des Lobes ... Ich habe mich oft gefragt, was denn diese Leute bewegen mag, jeden Quark mit dem Prädikat ›bestes Buch der letzten siebenundfünfzig Jahre‹ auszuzeichnen.«[56]

In dieser Hinsicht scheint es immer nur schlimmer werden zu können. Denn noch die düstersten Befunde übertrifft 1962 Sieburg, der sich nicht scheut, kurzerhand zu erklären, »daß die deutsche Literatur überhaupt auf keinen kritischen Widerstand stößt ... Sie hat keinen Gegner mehr, alle Türen, die sie einrennen möchte, stehen ihr weit offen.«[57]

Daß die permanente Lobhudelei sehr verschiedene Motive hat, liegt auf der Hand: Sie reichen von der baren Korruption, die sich nur in Ausnahmefällen einwandfrei nachweisen läßt, bis zur subjektiv ehrlichen Überschätzung der zeitgenössischen Literatur, die jedem Kritiker vorgeworfen werden kann – auch ein August Wilhelm Schlegel mußte, als er 1828 eine Auswahl seiner Schriften herausgab, feststellen, »er habe oft bei weitem zu viel gelobt«[58]. Häufig allerdings mag es weder das eine noch das andere sein, sondern gewöhnliche Bequemlichkeit und eine Folge der Einsicht, daß es leichter ist, mit der Welt in Frieden zu leben, wenn man sich an die Devise hält: »Seid nett zueinander!«

Die Literaturkritik belastet jedoch noch ein anderer Umstand, der die ohnehin heikle Frage der Kunstbewertung zusätzlich kompliziert: Während die Arbeit der Maler, Musiker oder Regisseure in der Regel nicht von Malern, Musikern oder Regisseuren beurteilt wird, sind es natürlich die Literaten, die über die Literaten schreiben.

Indes trifft jedenfalls auf deutsche Verhältnisse nach wie vor zu, was Moritz Heimann 1897 bemerkte: »Im allgemeinen befindet sich bei uns die kritische Tätigkeit im Nebenamt...«[59] So hatten und haben große deutsche Zeitungen – Curtius wies 1948 darauf hin – zwar fest angestellte Musik- und Theaterkritiker, aber fast nie ständige Literaturkritiker.[60]

Jene Literaten also, die über die Arbeiten der Literaten schreiben, sind nur sehr selten hauptberufliche Kritiker, oft hingegen Schriftsteller, deren Ehrgeiz nicht der Kritik, sondern einem anderen literarischen Gebiet gilt. Kein Zweifel, daß wir den Erzählern oder Lyrikern, die gelegentlich Rezensionen verfassen, doch darin nur eine zusätzliche Beschäftigung sehen, auch hervorragende kritische Texte verdanken.

Aber gerade sie, die Sonntagsjäger der Kritik, erweisen sich häufig als jene, die unentwegt von der Entdeckung neuer Meisterwerke zu berichten wissen. Wohin das führen kann und tatsächlich oft führt, ist nur allzu gut bekannt: »Die Fehler der Kritik« – meinte 1755 Nicolai – »schaden lange nicht so sehr als die Lobsprüche, die sich die Schriftsteller untereinander geben.«[61]

Das gleiche Übel beanstanden auch die vorher angeführten Kritiker der Literaturkritik in unserem Jahrhundert. Tucholsky spricht widerwillig und verächtlich von den »Lobesversicherungsgesellschaften auf Gegenseitig«[62]. Musil beschwert sich 1933, man habe »die Buchkritik zu einem großen Teil Literaten überlassen, die sich gegenseitig lobten«[63]. Verdrossen konstatiert Sieburg im Herbst 1959: »Die alljährliche Zeit des literarischen Wohlwollens ist wiedergekommen ... Und nun fällt der laue Regen gegenseitiger Gefälligkeiten auf das dürre Gelände. Die Autoren schreiben über einander, sie preisen sich im Rundfunk, sie besprechen einander in den literarischen Rubriken ... So entsteht die feige und langweilige Jasagerei, die alljährlich mit scheinheiliger Monotonie die literarische Luft verpestet.«[64]

Woran liegt das? Sollten etwa die Berufskritiker ehrlicher sein als jene, die Rezensenten nur im Nebenamt sind? Eine unsinnige Vermutung. Oder sollten es die besseren Kenner sein? Auch diese verallgemeinernde Behauptung wäre abwegig. Die Antwort ist auf einer anderen Ebene zu suchen: Wer Kritik als Beruf ausübt, weiß genau, was für ihn unentwegt auf dem Spiel steht – sein Renommee und damit die Basis seiner Existenz als Schriftsteller. Er kann es sich deshalb nicht leisten, leichtfertig zu urteilen.

»Ich stelle es mir beklemmend vor« – schrieb Max Frisch –, »wenn ein Buch, das ich zur Hand nehme, nicht ein Buch ist und ein Abend im Theater nicht ein Abend im Theater, sondern ein Examen auf meine kritische Geistesgegenwart. Ein öffentliches Examen.«[65] So ist es: Der Kritiker entscheidet von Fall zu Fall, immer wieder muß er sich bewähren, also seine Zuständigkeit beweisen, und jedesmal wächst oder schrumpft seine Autorität. Nur wenn er das Risiko seines Gewerbes ganz auf sich nimmt, wenn er tatsächlich jede neue Aufgabe als eine private und zugleich öffentliche Prüfung empfindet, nur dann kann es ihm – vielleicht! – gelingen, wenigstens einigermaßen den Ansprüchen gerecht zu werden, die sich aus seinem, sagen wir, Amt ergeben.

Doch wo die unbeirrbar gütigen Alleslober der jeweils zeitgenössischen Literatur zu suchen sind und was sie auch leiten mag – ihre Hymnen können das Vertrauen zur Kritik nur untergraben. Überdies haben wir es mit einer Plage zu tun, die so alt wie unausrottbar ist: Wo Bücher erscheinen und rezensiert werden, da lassen sich Gefälligkeiten und Freundschaftsdienste (und natürlich auch Racheakte) nicht ausschalten; und immer werden sie – nur deshalb ist diese Frage nicht unwichtig – als sachliche und objektive Urteile getarnt.

Dabei handelt es sich um ein durchaus internationales Phänomen, nichts spezifisch Deutsches ist ihm anzumerken. Gewiß, nur daß es unter deutschen Verhältnissen eine besondere Bedeutung gewinnen konnte.

Denn jene in Deutschland ohnehin so stark ausgeprägte und schon traditionelle Kritikfeindschaft hat verständlicherweise die sich hier bietende Chance ausgiebig genützt: Wer also in Deutschland interessiert war, sich der Kritik, aus welchen Gründen auch immer, zu widersetzen, sie zu denunzieren und schließlich zu liquidieren, konnte dem Katalog der üblichen Vorwürfe (Neid und hämische Mißgunst, Überheblichkeit und ewige Besserwisserei, Maßstablosigkeit und Verwirrung der Kriterien) noch weitere Anschuldigungen hinzufügen – die der Heuchelei und der subtilen Bestechlichkeit.

Diffamierte man also die Kritiker einerseits als zerstörende und zersetzende Elemente, als unerträgliche Nörgler und Meckerer, als verhinderte Künstler und gescheiterte Existenzen, die sich an wahren Talenten schadlos hielten, so wurden sie andererseits als verlogene und korrupte Individuen geächtet, die schamlos genug seien, alles zu loben und zu preisen – zumindest jedenfalls die Produkte der einflußreichen Autoren und Verleger, von denen sie sich Gegenleistungen erhofften.

Auf diese Weise wurde es jenen, die die Kritik bekämpften, nie schwergemacht, mit vielen scheinbar überzeugenden Argumenten aufzuwarten – sie selber war immer, ihrem eigenen Gesetz folgend, eifrig bemüht, die stichhaltigsten zu liefern. Aber die Gegner der Kritik wollten nicht einsehen, daß sie den Wagen mit einem seiner Räder verwechselten.

Also konnte der fatale Teufelskreis entstehen, den es in Deutschland seit Lessing gibt: Es war leicht, der Kritik als Institution die Anerkennung zu verweigern, weil die Kritik in der Tat oft schlecht war. Und sie mußte oft schlecht sein, weil ihr diese Anerkennung verweigert wurde.

VII

Jede Kritik, die es verdient, eine Kritik genannt zu werden, ist auch eine Polemik. Sie bezieht sich immer auf einen konkreten Gegenstand – und nie auf diesen Gegenstand allein. Indem der Kritiker ein Buch charakterisiert, indem er es befürwortet oder zurückweist, spricht er sich nicht nur für oder gegen einen Autor aus, sondern zugleich für oder gegen eine Schreibweise und Attitüde, eine Richtung oder Tendenz, eine Literatur. Er sieht also das Buch, das er behandelt, immer in einem bestimmten Zusammenhang. Er wertet es als Symptom.

Daher verbirgt sich in jeder einzelnen Kritik wenn auch nicht gerade »eine gute Ästhetik und noch dazu eine angewandte« – dies glaubte Jean Paul von »jeder guten Rezension« verlangen zu können[66] –, so doch ein Bekenntnis, dem sich mehr oder weniger genau entnehmen läßt, welche Art Literatur der Kritiker anstrebt und welche er verhindern möchte.

Freilich sind solche Bekenntnisse in hohem Maße zeitbedingt; und sie müssen es auch sein. Denn ähnlich wie etwa die Arbeiten der politischen Publizisten sind Kritiken ebenfalls immer aus der Situation zu verstehen, in der sie geschrieben wurden. Es sind Plädoyers, die sich aus der Praxis des literarischen Lebens ergeben. Oft ist es – heute nicht anders als vor zweihundert Jahren – erst der Hintergrund, der geistesgeschichtliche, der gesellschaftliche und politische, der die jeweiligen Motive des Kritikers begreiflich macht, der sie rechtfertigt oder auch kompromittiert; erst verschiedene (von ihm keineswegs immer erwähnte) Begleitumstände können, beispielsweise, die Heftigkeit mancher seiner Äußerungen erklären.

Gerade in den radikalen Urteilen eines Kritikers – »radikal sein ist die Sache an der Wurzel fassen«, heißt es bei Marx[67] –, da, wo er die enthusiastische Zustimmung oder die entschiedene Ablehnung für erforderlich hält, sind in der Regel seine zentralen Bekenntnisse zu finden: Ob Hymnen oder Verrisse, stets handelt es sich darum, im Extremen das Exemplarische zu erkunden und zu zeigen.

Und dies gilt wohl in noch höherem Maße für Verrisse als für zustimmende Besprechungen. Gewiß, »gut und schlecht erscheinen die einzelnen Dinge nur in Beziehung auf ein Ganzes« – so Adam Müller in seiner Vorlesung über das »Wesen der deutschen Kritik«[68] –, aber in der Analyse eines Buches, das ihm gefällt, braucht der Kritiker diese »Beziehung auf ein Ganzes« nicht unbedingt zu erläutern, weil sie sich, wenn er sein Urteil hinreichend begründet hat, ohnehin und von selbst einstellen muß.

Bei dem Gegenstand jedoch, den er verwirft, ist der ausdrückliche Hinweis auf das Exemplarische unerläßlich; denn hier geht es dem Kritiker vor allem um den Bezug zum Ganzen, um die zeitgenössische Literatur schlechthin. Man könnte sagen: Die Bücher, die er befürwortet, hält der Kritiker natürlich *auch* für Symptome, jene, die er mißbilligt, wertet er *nur* als Symptome.

Die wacker und treuherzig anmutende These »Kritik ist nur darauf aus, daß das Gute geschaffen werde« – sie findet sich in Moritz Heimanns Schriften[69] – trifft also, den hartnäckigen Vorurteilen zum Trotz, auf Verrisse ebenfalls zu, ja auf diese ganz besonders: Was sie anstreben, ist nichts anderes als eine aggressive Verteidigung der Literatur.

Die von Goethe übernommene Alternative – hier die »zerstörende«, da die »produktive« Kritik – mutet daher ebenso simpel wie auch demagogisch an: In vielen Fällen darf lediglich die »zerstörende«, die also, die sich gegen das Falsche und Schlechte wendet, den Anspruch erheben, als produktiv zu gelten. Denn wer das Fragwürdige und Minderwertige im Vorhandenen erkennt und es artikuliert, der verweist damit gewissermaßen automatisch auf das Fehlende und das Erwünschte, auf das Bessere.

Aber zu diesem Zweck muß er das Negative so klar und so exakt wie möglich aussprechen können und dürfen. Deutlichkeit heißt das große Ziel der Kritik. Der Weg zu diesem Ziel ist jedoch von allen Seiten mit Fallen umstellt.

Schwierig sei es – ich glaube, es war Bernard Shaw, der das bemerkt hat –, ein Kritiker und zugleich ein Gentleman zu sein. Jeder Kritiker weiß aus Erfahrung, daß es zahllose Situationen gibt, in denen Höflichkeit dem Autor gegenüber nur auf Kosten der Klarheit möglich ist. Hinter einer solchen Unklarheit verbirgt sich aber immer eine gewisse Unaufrichtigkeit, die wiederum von der bewußten Irreführung nur ein kleiner Schritt trennt.

»Man spricht vergebens viel, um zu *verreißen*; der andre hört von allem nur das Nein« – diese in Literatenkreisen gern wiederholte Paraphrase des »Iphigenie«-Worts stimmt eben nicht. Denn je undeutlicher und komplizierter die Ablehnung eines Buches ausgedrückt ist, desto leichter findet sich der betroffene Autor mit ihr ab, weil er annehmen kann – und meist zu Recht –, daß viele Leser die Intention der Kritik überhaupt nicht oder nur teilweise erfassen werden.

Hierher gehört neben gewissen spöttischen und nur für Kollegen bestimmten Seitenhieben – dieses läppische Gesellschaftsspiel mißbraucht in der Regel den Gegenstand der Betrachtung ebenso wie die Institution der Kritik – auch und vor allem die Anwendung von Ironie und Understatement. Denn wer in Deutschland ironisch schreibt und das Understatement liebt, muß damit rechnen, daß er – die journalistische Praxis beweist es immer wieder – die fatalsten Mißverständnisse begünstigt.

Aber auch in der angelsächsischen Kritik, in der das ironische Understatement von alters her meisterhaft geübt wird, scheint es nicht gerade die Deutlichkeit des Urteils zu steigern. Ein so besonnener Kritiker der englischen Literaturkritik wie T. S. Eliot meinte: »Die meisten unserer Kritiker geben sich dem Bemühen um Vernebelung hin: durch Ausgleichen, durch Vertuschen, durch Beiseiteschieben, durch Hineinquetschen, durch Beschönigen, durch das Brauen angenehmer Beruhigungsmittel...«[70]

So wird oft für Höflichkeit oder Vornehmheit des Kritikers gehalten, was nichts anderes ist als Bequemlichkeit oder Kleinmut oder Unentschiedenheit, nichts anderes als Fahrlässigkeit jenen gegenüber, für die er schreibt. Der Kunstrichter – erklärte Lessing –, »der gegen alle nur höflich ist, ist im Grunde gegen die er höflich sein könnte, grob.« Und nach wie vor gilt, was Lessing den Kritikern empfahl: »Die Höflichkeit ist keine Pflicht: und nicht höflich sein, ist noch lange nicht, grob sein. Hingegen, zum besten der mehrern, freimütig sein, ist Pflicht; sogar es mit Gefahr sein, darüber für ungesittet und bösartig gehalten zu werden, ist Pflicht.«[71]

Gerade die Bemühung um maximale Deutlichkeit hat alle Kritiker, die in ihrer Zeit einflußreich waren, früher oder später dem Vorwurf ausgesetzt, sie seien nicht nur ungesittet und bösartig, sondern auch hochmütig und selbstgerecht. Denn je klarer und genauer, je deutlicher ein Kritiker urteilt, desto nachdrücklicher und anschaulicher demonstriert er seinen Lesern und seinen Kollegen jene Unabhängigkeit, zu der sich viele von ihnen nicht aufschwingen können. Und je unabhängiger er ist, desto stärker und brutaler macht sich das Ressentiment gegen ihn bemerkbar und desto häufiger wird er beschuldigt, er maße sich an, eine unfehlbare Instanz zu sein.

Manche der großen Kritiker hielten es für richtig, hierauf zu antworten und ihr Publikum zu belehren, daß sie einzig und allein im eigenen Namen sprächen. So glaubte August Wilhelm Schlegel in der Ankündigung seiner Rezensionen für das »Athenäum« ausdrücklich mitteilen zu müssen, es handle sich dabei um »nichts weiter als Privatansichten eines in und mit der Literatur lebenden« und fügte hinzu: »Ein jedesmal vorangeschicktes: ›ich sollte vermeinen‹ würde nur lästig und langweilig sein, ohne an der Sache etwas zu verändern; wem aber die tief in der menschlichen Natur eingewurzelte Unart des Behauptens anstößig ist, der mag es sich immer hinzudenken.«[72]

Fontane, der einmal schrieb, »der nächste Zweck« sei, »doch wenigstens verstanden zu werden«, versicherte in einer Rezension von 1871: »Die Anmaßung liegt uns fern, uns als eine letzte, unfehlbare Instanz anzusehn, von der aus kein Appell an Höheres denkbar ist. Wer aufmerksam liest, wird deshalb, in steter Wiederkehr, Äußerungen in diesen unseren Kritiken finden, wie etwa: ›es will uns scheinen‹, ›wir hatten den Eindruck‹, ›wir geben anheim‹. Das ist nicht die Sprache eines absoluten Besserwissers. Allen Empfindlichkeiten kann unsereins freilich, von Métier wegen, nie und nimmer gerecht werden.«⁷³

Indes haben derartige Beteuerungen nie viel bewirkt. Sicher ist jedenfalls: Der Kritiker, der den Mut zur Deutlichkeit nicht aufbringt, der sich fürchtet, als unhöflich zu gelten, der klaren Antworten ausweicht und sich hinter doppelsinnigen und dehnbaren Formulierungen verschanzt, der sich allzu bereitwillig mit »einerseits – andererseits« und mit »sowohl – als auch« behilft (obwohl manchen literarischen Phänomenen in der Tat nur eine ambivalente Behandlung gerecht werden kann) – dieser Kritiker hat seinen Beruf verfehlt.

Mehr noch: Einem Kritiker gegenüber, dem der Vorwurf erspart bleibt, er sei anmaßend, und der auch nicht der schulmeisterlichen Attitüde bezichtigt wird, ist, glaube ich, besondere Skepsis angebracht. Warum?

In seinem Buch »Kritik und Wahrheit« trifft Roland Barthes den Kern dieser Frage. Der Kritiker sei gezwungen – meint er –, »einen bestimmten ›Ton‹ anzuschlagen, und alles in allem kann der nur gebieterisch klingen. Der Kritiker mag zweifeln und auf vielfache Weise leiden ..., letzten Endes kann er immer wieder nur auf eine Schreibweise rekurrieren, die Thesen und

Postulate enthält ... Im Dogmatismus der Schreibweise spricht sich ein Engagement aus, nicht eine Gewißheit oder Selbstgefälligkeit ...«[74]

Der Kritiker, der weder auf Thesen noch auf Postulate verzichten will und der sich nicht scheut, die Dinge um der Klarheit willen auf die Spitze zu treiben, zeigt zusammen mit seinen Vorzügen auch seine Schwächen. Je stärker und offenkundiger sein Engagement, desto stärker der Widerspruch, den er provoziert – oder auch die Zustimmung; er gilt dann entweder als anmaßend oder, viel seltener freilich, als souverän.

Und der beliebte Vergleich des Kritikers mit dem Schulmeister – übrigens nicht das Schlimmste, was einem Kritiker passieren kann –, bleibt, soweit ich es sehe, nur jenen erspart, die es vorziehen, die Wertung zu umgehen oder aber die Werturteile so zu chiffrieren, daß ihre Entzifferung schon einer besonderen Kunst gleichkommt. Nur am Rande sei noch vermerkt, daß natürlich jede Kritik, offen oder getarnt, auch eine pädagogische Absicht enthält. Das gehört seit eh und je zu dem Gewerbe.

VIII

In seinem »Tagebuch eines Lesers« bemerkt Werner Weber: »Recht haben oder Unrecht haben in der Kritik – darauf kommt es nicht an. Nur das eine ist sich der Kritiker schuldig, nur dies können die Mitstrebenden von ihm verlangen: daß er von Fall zu Fall – bestimmt durch Höflichkeit der Leidenschaft – deutlich sage, was er meint. Nicht in demjenigen, was ich schreibe, liegt mein Verdienst oder meine Sünde als Kritiker; Verdienst oder Sünde liegen im Wie.« Hat jedoch der Literaturkritiker – fährt Weber fort – »die vollkommene Deutlichkeit erreicht, dann ist er jenseits von Irrtum und richtiger Einsicht; dann ist er eine Stimme des Daseins, die zur Melodie der Zeit gehört...«[75]

Ich kann hier meinem Züricher Kollegen nicht ganz folgen. Ja, gewiß, die Kritiker, denen immer nur daran gelegen ist, Recht zu haben, die verstockt und unbelehrbar an ihren einmal gefällten Urteilen festhalten (auch wenn sie sich längst als Vorurteile erwiesen haben), diese ewigen Besserwisser lassen sich zuschulden kommen, was mit dem Wesen der Kritik unvereinbar ist: Intoleranz und Fanatismus. Und so erforderlich und schätzenswert die Deutlichkeit, so sicher kann in der Literaturkritik wichtiger als das Ergebnis der Weg sein, der zu ihm geführt hat.

Aber dürfen wir deshalb die Resultate für belanglos oder auch nur für unerheblich halten? Börne hat in seiner 1820 geschriebenen Kritik die »Serapionsbrüder« E. T. A. Hoffmanns offensichtlich falsch eingeordnet und gänzlich unterschätzt; trotzdem ist sein Verriß ein hervorragendes literarhistorisches Dokument, weil in ihm einige Besonderheiten der Hoffmannschen Prosa treffend angedeutet wurden. Und doch spricht es, glaube ich, gegen den Kritiker Börne, daß er den Rang eines der größten deutschen Erzähler des Jahrhunderts so gründlich verkannt hat.[76]

Wer des Kritikers »Verdienst oder Sünde« nur im »Wie« sieht, schränkt damit seine Aufgabe ein und reduziert seine gesellschaftliche Verantwortung. »Die vollkommene Deutlichkeit« ist gewiß ein aufs innigste zu wünschendes Ziel, daß sie aber den Kritiker auf eine Ebene »jenseits von Irrtum und richtiger Einsicht« gelangen läßt, will mir nicht einleuchten.

Fontanes kritische Prosa kann wahrlich als »eine Stimme des Daseins« gelten, »die zur Melodie der Zeit gehört«. Ist es somit gleichgültig, daß er einerseits Gottfried Keller als einen eher mittelmäßigen und epigonalen Schriftsteller charakterisierte und andererseits den jungen Gerhart Hauptmann sofort erkannte und bewunderte? Daß er sich in einem Fall doch wohl geirrt und in dem anderen eben nicht geirrt hat?[77]

Ist das wirklich so belanglos, daß Karl Kraus, dem es gegeben war, »die vollkommene Deutlichkeit« zu erreichen, Hofmannsthal und Schnitzler leidenschaftlich bekämpfte, hingegen Peter Altenberg für ein Genie hielt?[78] Daß Kerr in den zwanziger Jahren gegen Brecht war und Ihering für ihn gestritten hat – dürfen wir davon absehen, wenn wir uns Gedanken über die Kritiker Kerr und Ihering machen?[79]

Möglicherweise will Weber für die Kritiker, sofern sie nur die wünschenswerte schriftstellerische Qualität aufweisen können, eine Art Absolution, eine Generalamnestie beanspruchen. Nichts liegt mir ferner als die Annahme, ich könnte es mir leisten, auf die Wohltaten einer solchen Absolution oder Amnestie zu verzichten. Trotzdem bin ich gegen diesen menschenfreundlichen Vorschlag, weil ich befürchte, daß seine Verwirklichung die Willkür kritischer Urteile begünstigen und die Anarchie im literarischen Leben noch steigern würde.

Schließlich dürfen die Kritiker nicht deshalb eine Meinung äußern, weil sie ein Amt verwalten; vielmehr dürfen sie ein Amt verwalten, weil sie eine Meinung haben. Daher ist es, so suspekt uns auch die Kategorien »Irrtum und richtige Einsicht« in der Literatur geworden sein mögen, dringend nötig, diese Meinungen zu kontrollieren. Und sie bedürfen einer Überprüfung da vor allem, wo der Kritiker glaubte, extreme Urteile fällen zu müssen. Mit anderen Worten: Recht haben oder Unrecht haben in der Kritik – darauf kommt es gewiß nicht unbedingt und nicht immer an; aber auch darauf kann es ankommen – zumal bei Verrissen. Wer kritisiert, hat natürlich auch die Pflicht, sich selbst der Kritik zu stellen.

So wird hier eine Anzahl von Verrissen dem zweiten Blick ausgesetzt. Es handelt sich um Bücher von sehr unterschiedlicher Bedeutung, doch scheinen sie mir alle nach wie vor exemplarisch zu sein: als gescheiterte Versuche der deutschen Literatur der Gegenwart, der Realität dieser Jahre beizukommen.

Über manche dieser Fälle gingen die Ansichten der Kritik weit auseinander. Ob Günter Eichs »Maulwürfe« meist belanglose Lappalien oder tiefsinnige Dichtungen sind, ob Anderschs »Efraim« ein abstoßend koketter und peinlicher Roman ist oder zu den Höhepunkten der zeitgenössischen Literatur gehört, ob es zutrifft, daß Lettaus Bemühung, in seinen »Feinden« das Kindische des Militärs zu zeigen, lediglich zur kindisch anmutenden Prosa geführt habe, ob Bichsels Buch »Die Jahreszeiten« ein totaler Fehlschlag war und ob Härtlings »Familienfest« von der Ohnmacht des Erzählers zeugt, ob »Das Vertrauen« der Anna Seghers noch als literarischer Gegenstand gelten kann – das mögen angesichts dessen, was sich heutzutage abspielt und was uns alle bedroht, fast schon komische, jedenfalls geringfügige Fragen sein.

Aber diejenigen, die sich das Leben ohne Kunst und ohne Literatur schwer vorstellen können, haben das Recht und gelegentlich sogar die Pflicht, solche Fragen sehr ernst zu nehmen. Wenn ich mir erlaube, sie hier noch einmal zu stellen, so auch in der Hoffnung, daß diese Auseinandersetzungen mit symptomatischen Büchern ihrerseits als Symptome des literarischen Lebens gelten dürfen.

Haben die in diesem Buch abgedruckten Verrisse eigentlich konkrete Folgen gehabt? Wie wir nie genau wissen, was ein Roman oder ein Theaterstück bewirkt oder vereitelt hat, so läßt sich fast nie mit einiger Sicherheit ermitteln, was mit einer Kritik erreicht wurde. Mit meinem

Urteil über den Roman »Örtlich betäubt« von Günter Grass stand ich nicht allein: Von der deutschen Literaturkritik zwar mehr oder weniger entschieden, doch fast einmütig abgelehnt, gehörte dieser Roman dennoch zu den erfolgreichsten der Saison. Aber hat das überhaupt mit dem Wert oder Unwert von »Örtlich betäubt« zu tun oder vielleicht nur mit dem (freilich zu Recht bestehenden) Ruhm seines Autors?

Martin Walsers »Zimmerschlacht« ging trotz meiner und anderer ungünstiger Kritiken über viele Bühnen der Bundesrepublik. Aber vielleicht waren es gerade die Schwächen dieses Stückes, der Ulk und der Klamauk, die ihm zu den zahlreichen Aufführungen verhalfen? Was hier über Rudolf Hagelstanges »Altherrensommer« zu lesen ist, konnte natürlich nicht verhindern, daß dieses Buch monatelang an der Spitze der Bestsellerlisten zu finden war. Warum natürlich? Weil es kaum anzunehmen ist, daß das Publikum, dem diese Prosa gefällt, Literaturkritiken liest.

Auf jeden Fall empfiehlt es sich, den direkten Einfluß der Kritik auf den Erfolg oder den Mißerfolg, zumal den kommerziellen, einzelner Bücher nicht zu überschätzen. Und für die Gegner wie für die Anhänger der Kritik mag es in gleichem Maße tröstlich sein, daß kein Kritiker

– und wäre er auch ein Genie – ein lebendiges literarisches Kunstwerk zu vernichten und ein totes zu beleben vermag.

Gern und oft beschuldigt man die Kritiker literarischer Morde. Doch sollte man sich hüten, für Mörder jene zu halten, zu deren Pflichten es gehört, Epidemien zu diagnostizieren und Totenscheine auszustellen. Aber Bestseller zu managen oder zu verhindern, ist nicht Sache der Kritiker – das liegt in der Kompetenz eines anderen Gewerbes –, sie können nur Erkenntnisprozesse und Entwicklungen anregen und einleiten, begünstigen und beschleunigen und freilich auch hemmen.

Was übrigens die von mir verrissenen Autoren empfinden mögen, ist mir nicht unbekannt. Da ich einige Bücher verfaßt und mehrere Sammelbände herausgegeben habe, konnte ich schon oft Kritiken meiner Arbeit lesen. Es waren darunter auch viele, sehr viele Verrisse, und sie ließen an Aggressivität und Härte nichts zu wünschen übrig.

Ich will nicht verheimlichen, was ich mir während der Lektüre dieser Verrisse in der Regel dachte – daß hier von sachlicher und fundierter Kritik überhaupt nicht die Rede sein könne, daß es sich vielmehr um oberflächliche, ungerechte und bösartige Attacken handle, die meine

Absichten gänzlich verkennen und auf perfide Weise entstellen und zu diesem Zweck Bagatellen hochspielen und auch noch unentwegt Zitate aus dem Zusammenhang reißen. Kurz und gut: Ich reagierte ebenso wie jeder andere Autor.

Wie nämlich die Autoren, die über die Unarten und Sünden der Kritik klagen, sich, sobald sie selber Bücher rezensieren, die gleichen Unarten und Sünden zuschulden kommen lassen, so sind auch die Kritiker, sobald ihre eigenen Bücher rezensiert werden, mit der Empfindlichkeit und Verwundbarkeit geschlagen, die mehr oder weniger für alle Autoren charakteristisch sind. Und es mag eine tiefere Gerechtigkeit darin sein, daß – wie die Geschichte der Literaturkritik lehrt – jene, die viel verreißen, besonders oft verrissen werden: Das literarische Gewerbe war immer schon gefährlich, wer es ernsthaft ausübt, riskiert, daß er Sturm ernten wird, und wer Wind sät, der muß erst recht mit Stürmen rechnen.

So möchte dieses Buch verstanden werden als ein Beitrag zum Gespräch über deutsche Literatur und Kritik in diesen Jahren und als Plädoyer für jene Verneinung, hinter der sich nichts anderes verbirgt als eine entschiedene, vielleicht sogar leidenschaftliche Bejahung.

Anmerkungen

1 Jonathan Swifts Aufsatz »Eine Abschweifung über Kritiker« ist zu finden in: J. S., »Satiren«. Mit einem Essay von Martin Walser, Insel-Verlag, Frankfurt/M. 1965, S. 83–93.
2 Germaine de Staël: »Über Deutschland«. Nach der Übersetzung von Robert Habs herausgegeben und eingeleitet von Sigrid Metken, Philipp Reclam jun., Stuttgart 1963, S. 66 f.
3 Ebenda, S. 349–351.
4 Theodor W. Adornos Aufsatz »Kritik« erschien in »Die Zeit« vom 27. Juni 1969.
5 »Und es mag am deutschen Wesen / Einmal noch die Welt genesen« – lauten die Schlußzeilen des aus dem Jahre 1861 stammenden Gedichts »Deutschlands Beruf« von Emanuel Geibel. Vgl. E. G.: »Gesammelte Werke«. Stuttgart 1883, Band 3, S. 214.
6 Adam Müller: »Kritische, ästhetische und philosophische Schriften«. Kritische Ausgabe, herausgegeben von Walter Schroeder und Werner Siebert, Hermann Luchterhand Verlag, Neuwied und Berlin 1967, Band 1, S. 50.
7 Walter Jens: »Von deutscher Rede«. R. Piper & Co. Verlag, München 1969, S. 52.
8 Friedrich Schlegel: »Kritische Schriften«. Herausgegeben von Wolfdietrich Rasch, zweite, erweiterte Auflage, Carl Hanser Verlag, München 1964, S. 398 f.

9 Gotthold Ephraim Lessing: »Gesammelte Werke in zehn Bänden«. Herausgegeben von Paul Rilla, Aufbau Verlag, Berlin 1954–1958 Band 4, S. 133. – Die beiden Zitate stammen aus dem sechzehnten der »Briefe, die neueste Literatur betreffend« (1759).
10 Ebenda, Band 6, S. 505.
11 Friedrich Schlegel, a. a. O., S. 394.
12 Vgl. u. a. den kurzen zusammenfassenden Bericht über den »Wandel unseres Schlegel-Bildes: Hundert Jahre Schlegel-Forschung« in Ernst Behlers Monographie »Friedrich Schlegel in Selbstzeugnissen und Bilddokumenten«. Rowohlts Monographien Nr. 123, herausgegeben von Kurt Kusenberg, Reinbek bei Hamburg 1966, S. 150–160.
13 Ernst Robert Curtius' Essay »Friedrich Schlegel und Frankreich« ist enthalten in: E. R. C., »Kritische Essays zur europäischen Literatur«. Zweite, erweiterte Auflage, Francke Verlag, Bern 1954, S. 86–99.
14 Ernst Robert Curtius: »Europäische Literatur und lateinisches Mittelalter«. Siebente Auflage, Francke Verlag, Bern und München 1969, S. 306.
15 Der Aufsatz »Goethe als Kritiker« findet sich in: Ernst Robert Curtius, »Kritische Essays zur europäischen Literatur«, a. a. O., S. 31–56.
16 Gotthold Ephraim Lessing: »Gesammelte Werke«, a. a. O., Band 6, S. 508.
17 Hofmannsthals 1927 gehaltene Rede »Das Schrifttum als geistiger Raum der Nation« ist enthalten in: H. v. H. »Ausgewählte Werke in zwei Bänden«. Herausgegeben von Rudolf Hirsch, Band 2 (»Erzählungen und Aufsätze«), S. Fischer Verlag, Frankfurt/M. 1961, S. 724–740.

18 »Goethes lyrische und epische Dichtungen«, Band I (»Großherzog Wilhelm Ernst Ausgabe«, Band 14), Inselverlag, Leipzig 1920, S. 122. – Das zitierte Gedicht »Rezensent« stammt aus dem Jahre 1774.
19 Friedrich Nietzsche: »Werke in drei Bänden«. Herausgegeben von Karl Schlechta, Carl Hanser Verlag, München o. J., Band 1, S. 797.
20 Arthur Schnitzler: »Aphorismen und Betrachtungen«. Herausgegeben von Robert O. Weiss (»Gesammelte Werke«), S. Fischer Verlag, Frankfurt/M. 1967, S. 426. – Das Zitat ist den in Schnitzlers Nachlaß gefundenen und in diesem Band erstmalig gedruckten »Materialien zu einer Studie über Kunst und Kritik« entnommen.
21 Virginia Woolf: »Granit und Regenbogen«, Essays. Suhrkamp Verlag, Berlin und Frankfurt/M. 1960, S. 30. – In dem teilweise kuriosen Aufsatz »Bücherbesprechen«, aus dem das Zitat stammt, fordert Virginia Woolf die Abschaffung der öffentlichen Literaturkritik; statt dessen sollten die Kritiker als private und vertrauliche Berater und Korrepetitoren der Schriftsteller fungieren und von diesen entlohnt werden.
22 Georg Lukács: »Probleme des Realismus«. Zweite, vermehrte und verbesserte Auflage, Aufbau-Verlag, Berlin 1955, S. 284.
23 Walter Benjamins dreizehn Thesen zur »Technik des Kritikers« finden sich in: W. B., »Einbahnstraße«. Suhrkamp Verlag, Frankfurt/M. 1962, S. 51–52.
24 Germaine de Staël: »Über Deutschland«, a. a. O., S. 326.
25 Das hier zitierte Pamphlet »Deutsche Kritik« von Joseph Görres ist enthalten in der Sammlung »Meister der deutschen Kritik«, Band I (»Von Gottsched

zu Hegel 1730–1830«). Herausgegeben von Gerhard F. Hering, Deutscher Taschenbuch Verlag, München 1961, S. 218–221.

26 Adam Müller, a. a. O,. S. 49.

27 Ludwig Börne: »Sämtliche Schriften«. Neu bearbeitet und herausgegeben von Inge und Peter Rippmann, erster Band, Joseph Melzer Verlag, Düsseldorf 1964, S. 623 f. und 627.

28 Theodor Fontane: »Briefe I«. Briefe an den Vater, die Mutter und die Frau, herausgegeben von Kurt Schreinert, zu Ende geführt und mit einem Nachwort versehen von Charlotte Jolles, Propyläen Verlag, Berlin 1968, S. 212. – Veranlaßt wurde Fontanes Äußerung durch seine Lektüre deutscher Kritiken über Zola: »Was bis jetzt über ihn gesagt ist, ist alles dummes Zeug, geradezu kindisch.«

29 Tucholskys Aufsatz »Kritik als Berufsstörung« ist zu finden in: K. T., »Gesammelte Werke«. Herausgegeben von Mary Gerold-Tucholsky und Fritz J. Raddatz, Band III, 1929–1932, Rowohlt Verlag, Reinbek bei Hamburg 1961, S. 964–967.

30 Friedrich Sieburg: »Verloren ist kein Wort«. Disputationen mit fortgeschrittenen Lesern, Deutsche Verlags-Anstalt, Stuttgart 1966, S. 207.

31 Auf die Frage der Subjektivität der Kunsturteile ist August Wilhelm Schlegel mehrfach eingegangen. Hier wird die Einleitung zu seinen 1801/1802 in Berlin gehaltenen »Vorlesungen über schöne Literatur und Kunst« zitiert. A. W. S., »Kritische Schriften und Briefe«. Herausgegeben von Edgar Lohner, Band II (»Die Kunstlehre«), W. Kohlhammer Verlag, Stuttgart 1963, S. 29.

32 »Friedrich Nicolais Briefe über den itzigen Zustand der schönen Wissenschaften in Deutschland (1755)«. Herausgegeben von Georg Ellinger, Verlag von Gebrüder Paetel, Berlin 1894, S. 132–141.

33 Gotthold Ephraim Lessing: »Gesammelte Werke«, a. a. O., Band 6, S. 9.

34 Ebenda, Band 5, S. 623.

35 Über Friedrich Schlegels Lessing-Porträt schreibt 1870 Rudolf Haym in seiner »Romantischen Schule«: »Ein wie guter Zeichner indes Schlegel war – es widerfährt ihm, je weiter er ins einzelne geht, was ihm noch immer widerfahren war, wenn er sich für oder gegen einen Gegenstand ereiferte. Neben den treffendsten Zügen finden sich andere, die der Hand eines Karikaturenzeichners Ehre machen würden.« – Vgl. Rudolf Haym: »Zur deutschen Philosophie und Literatur«. Ausgewählt, eingeleitet und erläutert von Ernst Howald (Klassiker der Kritik, herausgegeben von Emil Staiger), Artemis Verlag, Zürich und Stuttgart 1963, S. 227.

36 Friedrich Schlegel: »Charakteristiken und Kritiken I (1796–1801).« Herausgegeben und eingeleitet von Hans Eichner. (Kritische Friedrich-Schlegel-Ausgabe, herausgegeben von Ernst Behler unter Mitwirkung von Jean-Jacques Anstett und Hans Eichner, zweiter Band), Verlag Ferdinand Schöningh, Paderborn 1967, S. 404.

37 Friedrich Schlegel: »Kritische Schriften«, a. a. O., S. 390–400.

38 »Goethes Aufsätze zur Kultur-, Theater- und Literatur-Geschichte, Maximen, Reflexionen«, Band II (»Großherzog Wilhelm Ernst Ausgabe«, Band 13), a. a. O., S. 19 f.

39 »Meister der deutschen Kritik«, Band I, a. a. O., S. 13.
40 Friedrich Schlegel: »Literary Notebooks 1797–1801«. Edited with introduction and commentary by Hans Eichner, University of Toronto Press 1957, S. 81.
41 Georg Lukács: »Skizze einer Geschichte der neueren deutschen Literatur«. Luchterhand Verlag, Neuwied 1963, S. 127.
42 Friedrich Nietzsche, a. a. O., S. 1145.
43 In Robert Minders Essay »Die Literaturgeschichten und die deutsche Wirklichkeit« (enthalten in: »Sind wir noch das Volk der Dichter und Denker?« 14 Antworten, herausgegeben von Gert Kalow, Rowohlt Verlag, Reinbek bei Hamburg 1964) heißt es: »Paradoxerweise ist der abfällige Begriff des ›Intellektuellen‹ von französischen Nationalisten um 1890 im Kampf gegen die ›Schädlinge im Innern‹ geprägt worden. Schulbeispiel ist der fanatisch nationale Literarhistoriker Brunetière, für den die ›Intellektuellen‹ Frankreich verrieten, weil sie nicht in den hysterischen Ruf ›Nach Berlin‹ einstimmten, sondern europäische Verständigung, soziale Gerechtigkeit, Respekt der Menschenrechte forderten und sich dabei gerade auch auf die Dichter und Denker des deutschen Idealismus beriefen.« (S. 28 f.)
44 Theodor Fontane: »Sämtliche Werke«. Herausgegeben von Walter Keitel, Abt. III: »Aufsätze, Kritiken, Erinnerungen«, Band 2: »Theaterkritiken«. Herausgegeben von Siegmar Gerndt, Carl Hanser Verlag, München 1969, S. 44.
45 Ebenda, S. 559.
46 Ebenda, S. 718.

47 Ebenda, S. 347.
48 Ebenda, S. 875.
49 Moritz Heimann: »Die Wahrheit liegt nicht in der Mitte«, Essays. Mit einem Nachwort von Wilhelm Lehmann, S. Fischer Verlag, Frankfurt/M. 1966, S. 125.
50 Walter Benjamin, a. a. O., S. 51 f.
51 Kurt Tucholsky, a. a. O., S. 967.
52 Gottfried Benn: »Gesammelte Werke in acht Bänden«. Herausgegeben von Dieter Wellershoff, Band 8: »Autobiographische Schriften«. Limes Verlag, Wiesbaden 1968, S. 2024.
53 Friedrich Nicolai, a. a. O.
54 Nicolais Äußerung von 1762 findet sich in den »Briefen, die neueste Literatur betreffend«, 15. Teil, Berlin 1763, S. 38.
55 Musils Äußerungen über die Kritik stammen aus seinem Aufsatz »Bücher und Literatur«. Vgl. Robert Musil: »Tagebücher, Aphorismen, Essays und Reden« (Gesammelte Werke in Einzelausgaben). Herausgeben von Adolf Frisé, Rowohlt Verlag, Hamburg 1955, S. 691.
56 Kurt Tucholsky, a. a. O., S. 966.
57 Friedrich Sieburg, a. a. O,. S. 297.
58 August Wilhelm Schlegel: »Kritische Schriften und Briefe«, Band I (»Sprache und Poetik«), a. a. O., S. 11.
59 Moritz Heimann, a. a. O,. S. 122.
60 Der Hinweis von Curtius findet sich in seinem Essay »Goethe als Kritiker«, a. a. O., S. 31.
61 Aus Nicolais »Briefen über den itzigen Zustand usw.«, a. a. O.
62 Kurt Tucholsky, a. a. O., S. 967.

63 Robert Musil, a. a. O., S. 869.
64 Friedrich Sieburg, a. a. O., S. 169 f.
65 Die Bemerkungen Max Frischs zur Literaturkritik (»Keine Klagen meinerseits«) waren in der »Süddeutschen Zeitung« vom 31. Dezember 1964 gedruckt.
66 Jean Paul: »Sämtliche Werke«. Herausgegeben von Eduard Berend, Weimar 1935, Band 16, S. 6.
67 Die Formulierung von Marx ist in der Einleitung zu seiner »Kritik der Hegelschen Rechtsphilosophie« enthalten. – Vgl. Karl Max: »Ausgewählte Schriften«. Herausgegeben und eingeleitet von Boris Goldenberg, Kindler Verlag, München 1962, S. 74.
68 Adam Müller, a. a. O., S. 48.
69 Moritz Heimann, a. a. O., S. 119.
70 T. S. Eliots Ausführungen über »Die Leistung der Kritik« sind zu finden in: T. S. E., »Ausgewählte Essays 1917–1947«. Ausgewählt und eingeleitet von Hans Hennecke, Suhrkamp Verlag, Frankfurt/M. 1950, S. 113–131.
71 Gotthold Ephraim Lessing, a. a. O., Band 5, S. 625.
72 »Athenaeum 1798–1800«. Herausgegeben von August Wilhelm Schlegel und Friedrich Schlegel, fotomechanischer Nachdruck, J. G. Cottasche Buchhandlung Nachf., Stuttgart 1960, Band 1, S. 147 f.
73 Theodor Fontane, a. a. O., S. 43 f.
74 Roland Barthes: »Kritik und Wahrheit«. Suhrkamp Verlag, Frankfurt/M. 1967, S. 90.
75 Werner Weber: »Tagebuch eines Lesers«. Bemerkungen und Aufsätze zur Literatur, Walter-Verlag, Olten und Freiburg 1965, S. 342 f.
76 Vgl. Ludwig Börne, a. a. O., Band 2, S. 555 – 562.
77 Die Kritiken Fontanes über Keller sind enthalten in:

Th. F., a. a. O., Band 1: »Aufsätze und Aufzeichnungen«. Herausgegeben von Jürgen Kolbe, S. 493–507. – Vgl. die beiden Besprechungen Fontanes der Uraufführung von Hauptmanns »Vor Sonnenaufgang« in: Th. F., a. a. O., Band 2, S. 817–824.

78 Die Urteile von Karl Kraus über Hofmannsthal, Schnitzler und Altenberg sind in seinem Aufsatz »Warnung vor der Unsterblichkeit« zu entnehmen in: K. K., »Literatur und Lüge«. Kösel-Verlag, München 1958, S. 350 ff.

79 Vgl. Alfred Kerr: »Die Welt im Drama«. Herausgegeben von Gerhard F. Hering, zweite Auflage, Verlag Kiepenheuer & Witsch, Köln 1964, S. 259–272 und 281–284. – Die wichtigsten Kritiken Herbert Iherings über Brecht finden sich in: H. I., »Von Reinhardt bis Brecht«. Eine Auswahl der Theaterkritiken von 1909–1932. Herausgegeben und mit einem Vorwort von Rolf Badenhausen, Rowohlt Verlag, Reinbek bei Hamburg 1967.

MARCEL REICH-RANICKI, geboren 1920, war von 1960 bis 1973 ständiger Literaturkritiker der »Zeit« und leitete von 1973 bis 1988 den Literaturteil der »Frankfurter Allgemeinen Zeitung«. Er ist dort auch heute noch als Kritiker und Redakteur der »Frankfurter Anthologie« tätig. Von 1971 bis 1975 war er Gastprofessor in Stockholm und Uppsala, seit 1974 ist er Honorarprofessor an der Universität Tübingen. Er erhielt zahlreiche akademische und literarische Preise und Auszeichnungen, unter anderem im Jahre 2002 den Goethe-Preis und den Ehrendoktor der Ludwig-Maximilians-Universität München.

Zu seinen wichtigeren Veröffentlichungen gehören die Bücher: »Nachprüfung. Aufsätze über deutsche Schriftsteller von gestern« (1977), »Thomas Mann und die Seinen« (1987), »Die Anwälte der Literatur« (1994), »Ungeheuer oben. Über Bertolt Brecht« (1996), »Der Fall Heine« (1997), seine Autobiographie »Mein Leben« (1999) und »Vom Tag gefordert. Reden in deutschen Angelegenheiten« (2001).